RÉFLEXIONS

SUR LA

PROPOSITION DE M. GOUIN,

RELATIVE

A LA CONVERSION

DE LA RENTE 5 P. %.

IMPRIMERIE DE BOURGOGNE ET MARTINET,
RUE JACOB, N. 3o.

RÉFLEXIONS

SUR LA

PROPOSITION DE M. GOUIN,

RELATIVE A LA

CONVERSION

DE LA RENTE 5 P. %,

PAR

Jules Ouvrard fils.

Paris,

CHARLES GOSSELIN ET W. COQUEBERT,

9, RUE SAINT-GERMAIN-DES-PRÉS.

M DCCC XXXVIII.

RÉFLEXIONS

SUR LA

PROPOSITION DE M. GOUIN.

En livrant à la publicité mon opinion sur le remboursement et la conversion de la rente 5 p. 0/0, j'ai dû m'attendre à heurter des opinions contraires, à froisser des sympathies politiques; car la politique joue nécessairement un grand rôle dans la question. J'ai donc dû compter sur de nombreuses critiques, et j'aime à reconnaître que, si elles ne m'ont pas été épargnées, elles sont demeurées dans le domaine d'une polémique pleine de convenance et appropriée à la gravité du sujet. C'est ainsi qu'il faut discuter les questions d'intérêt général, pour elles-mêmes, abstraction faite de toutes pensées, de toutes affections étrangères, et que l'on met le public en état de prononcer définitivement et en parfaite connaissance de cause.

De ces critiques, beaucoup m'ont été faites en

termes généraux, chacun acceptant les idées qui rentraient dans ses opinions, et repoussant celles qui leur étaient contraires, ce qui dénote d'autant plus l'intérêt politique que j'ai signalé, et laisse peu de place à une réfutation raisonnée. D'autres m'ont démontré que j'avais eu quelquefois le malheur de ne pas être parfaitement compris. Je crois devoir les négliger également; je ne pourrais que me répéter dans l'exposé des mêmes principes, et peut-être me retrouverais-je en face des mêmes objections; la discussion n'y gagnerait évidemment rien.

Mais il en est autrement de ce qui a été dit sur l'amortissement; en soutenant que le seul parti raisonnable à prendre, était de lui rendre son action sur les fonds au-dessus du pair, je n'ai pu insister qu'en passant, sur l'utilité, sur la nécessité d'un amortissement fort et respecté, et j'ai craint de trop m'écarter de mon sujet, en me livrant à cet égard à une discussion complète et approfondie. Je reconnais cependant qu'elle était indispensable pour la plus grande intelligence de la question, et qu'elle eût même dû précéder tout examen de la conversion des rentes, dont l'amortissement est l'allié intime. A entendre annoncer de tous côtés comme une recette merveilleuse, unique, la prétendue économie résultant de la destruction de l'amortissement, recette dont le seul mérite consiste, toutefois, à forcer une caisse pour y puiser à volonté, j'ai reconnu que l'amortissement n'était pas compris, que l'on n'en soupçonnait même pas la haute portée, et que, sans en étudier les ressorts, on s'obstinait à y voir seulement un mode de libération et d'extinction de la dette, lorsqu'il est destiné principalement à en protéger les cours, et à faire face, comme levier, à tous les besoins extraordinaires du pays. J'étais donc occupé à essayer d'approfondir cette matière abstraite, et à entrer sur les fonctions de l'amortissement en explications que je considère comme le complément obligé de mon premier travail, lorsque mon attention a été appelée sur le nouveau plan de remboursement que vient de présenter l'honorable M. Gouin (1).

(1) Art. 1er. A dater de la promulgation de la présente loi, et conformément à l'art. 6 de la loi du 10 janvier 1833, le ministre des finances est autorisé, pour effectuer le remboursement de la rente 5 p. 0/0, à raison de 100 fr. par chaque 5 fr. de rente, à disposer,

1° Du montant de la réserve possédée par la caisse d'amortissement,

2° Des sommes libres provenant soit des fonds affectés à la dette

Après avoir passé en revue les divers projets proposés jusqu'ici, je me trouve tout naturellement entraîné, comme malgré moi, à discuter une proposition qui va bientôt occuper nos assemblées législatives, et qui peut-être amènera la solution définitive de la question.

flottante, soit des moyens de service attribués annuellement à la trésorerie par la loi du budget des recettes.

Art. 2. Le ministre des finances est également autorisé à donner aux porteurs de rentes 5 p. o/o, en échange de leurs titres actuels, et sur leur demande, des rentes constituées à un taux inférieur à 5 p. o/o.

Toutefois, ces rentes ne seront émises qu'autant qu'elles procureront au Trésor, sur le taux de l'intérêt des rentes échangées, une diminution effective de demi pour cent au moins.

Il ne pourra être consenti d'augmentation de capital que pour les rentes constituées au-dessous de 4 1/2 p. o/o. Cette augmentation, dans tous les cas, devra être compensée par la réduction sur le taux de l'intérêt.

Art. 3. Une ordonnance royale, insérée au Bulletin des lois, et rendue sur la décision du ministre des finances, fixera :

1° L'ordre dans lequel les porteurs de rentes seront remboursés ;

2° L'époque à laquelle les remboursements seront effectués ;

3° La nature des concessions à faire aux porteurs de rentes qui opteront pour de nouveaux titres.

Art. 4. En vertu des fonds affectés par l'art. 1er au remboursement de la dette 5 p. o/o, le ministre des finances aura la faculté de disposer des fonds qu'il obtiendra par la négociation des rentes nouvelles, jusqu'à concurrence du montant des remboursements à effectuer.

Toutefois, ces négociations ne pourront avoir lieu qu'aux conditions et dans les limites prescrites par l'art. 2 ci-dessus, de manière à procu-

Je le ferai pour la matière même, en me dégageant comme précédemment de toute pensée politique, en m'isolant des partis, et en protestant à l'avance contre toute interprétation de mes paroles qui blesserait des convictions que je respecte, sans pouvoir les partager.

Appuyé sur une profonde conviction, j'ai soutenu que la dette publique, respectée et appuyée comme elle doit l'être, était une valeur nouvelle, un supplément de richesse, un lien d'attachement entre les populations et le pouvoir, et que toute diminution brusque et trop tranchée serait un véritable appauvrissement. J'ai soutenu que le remboursement ou la conversion de la rente 5 p. 0/0 était un acte

rer au Trésor un avantage au moins égal à celui qu'aurait présenté la conversion directe avec les porteurs du 3 p. 0/0.

Art. 5. La caisse d'amortissement sera propriétaire des rentes qui auront été remboursées avec les fonds provenant de sa réserve. Toutes les les autres rentes remboursées ou converties en vertu de la présente loi, seront rayées du Grand-Livre.

Art. 6. Le fonds de l'amortissement afférent aux rentes 5 p. 0/0 qui auront été converties, sera réparti entre les nouvelles rentes inscrites sur le Grand-Livre, proportionnellement à l'importance de la conversion réalisée dans chacune de ces rentes.

Art. 7. Le ministre des finances rendra compte aux Chambres, dans leur prochaine session, de l'usage qu'il aura fait des facultés accordées par la présente loi.

anti-financier, nuisible au crédit, attentatoire à la prospérité dont nous jouissons, une perturbation en un mot. J'ai dit que l'opération devait échouer en raison de la masse actuelle de la rente à convertir, de la faiblesse des moyens d'action, de la nullité radicale des plans proposés; enfin j'ai pensé que le moment était mal choisi, pour s'embarrasser dans une mesure toujours difficile à exécuter. Comme on le voit, je n'ai pas craint de l'attaquer en face, dans son principe et dans ses conséquences, et ce n'est *qu'accessoirement* que j'en suis venu à faire valoir des considérations puissantes sans doute, mais qui, présentées isolément, affaiblissent l'argumentation, en la circonscrivant dans des limites trop étroites, et n'exposent qu'un des côtés de la question.

Le ministère qui, au fond, partageait peut-être mon sentiment, dominé par des idées de ménagements sur lesquelles je n'ai pas à m'expliquer, mais qu'en pareille matière je ne saurais approuver, le ministère a fait les plus larges concessions, et s'est cru bien fort en se retranchant dans la question d'opportunité, comme dans un point inexpugnable.

La proposition de M. Gouin a directement pour but de le forcer dans ce dernier refuge, et l'on ne peut nier que la résistance n'y soit difficile, en présence d'un projet qui lui fournit les moyens d'agir, et lui laisse, *sous sa responsabilité*, le soin de décider du moment opportun d'en faire l'application. Cette tactique ne manque pas d'adresse, et le ministère a fort à faire aujourd'hui pour reprendre une situation où il ne soit pas exposé à se trouver brusquement acculé. C'est ainsi que l'on a toujours perdu les meilleures causes, c'est en portant ses moyens de défense ou d'attaque sur des positions secondaires, que l'on se prépare des défaites; car le choix d'un bon terrain est un point capital à étudier, et quand on l'a négligé, et qu'il est occupé par les adversaires, on le regagne difficilement.

Pour moi, libre dans mes mouvements, j'aborde de front la proposition, et je ne crains pas d'affirmer qu'elle doit être repoussée, qu'elle sera repoussée, même par les partisans de la conversion; car elle ne peut convenir à personne. Ce n'est pas que je veuille prétendre qu'elle manque d'habileté; bien au contraire, il est impossible de nier qu'elle soit présentée d'une manière fort spécieuse, qu'elle offre un caractère de simplicité, qui impose et prévient à la première vue. Je me plais même à y reconnaître un véritable progrès sur les projets précédents ; ce qui prouve que la discussion a déjà porté ses fruits, et qu'avec le temps la raison reprend toujours son empire. Les articles 5 et 6 contiennent la consécration formelle de l'amortissement, de son inviolabilité ; et, sous ce rapport, l'auteur rentre dans la voie des saines doctrines. Mais l'essence même de la proposition en est la déviation la plus complète, et laisse attendre de nouveaux progrès.

Avant d'entrer dans l'appréciation, la première pensée qui vienne à la simple lecture, c'est que la proposition actuelle implique l'abandon de ce système d'annuités présenté il y a deux ans par l'honorable M. Gouin, et la reconnaissance de toute sa défectuosité. Cependant ce système était excellent, disait-on naguère ; il fallait en faire l'application immédiate, tout ajournement serait un malheur. Cette espèce de répudiation paternelle aujourd'hui prouve deux choses : la première, qu'il faut se tenir en garde contre cet engouement bien naturel des esprits les plus droits en faveur des conceptions qui leur sont propres, engouement

que la réflexion et la froide raison finissent
ordinairement par calmer; la seconde , l'im-
mense difficulté que l'on rencontrera toujours,
dans l'état de la rente 5 p. 0/0, à trouver un
mode de conversion qui soutienne l'épreuve
du temps. Il faut donc se dépouiller de cette
impatience qui tourmente certains esprits d'ar-
river, à tout prix et sans délai, à une conversion quelconque, et procéder froidement à
l'appréciation des plans offerts. L'examen at-
tentif de celui dont la discussion va s'ouvrir,
conduit promptement à reconnaître que, dans
son principe et dans ses conséquences , l'adoption en est impossible.

D'abord, ce n'est pas, à proprement parler,
un projet exécutable dans sa forme actuelle ,
c'est plutôt un cadre de discussion; ce sont des
bases jetées sommairement, sur lesquelles on
devra bâtir un plan définitif. Cet état d'imper-
fection n'a rien qui doive étonner. Il est difficile en effet, de concevoir qu'un député, qui
manque des renseignements indispensables, qui
n'a pas en vue les besoins de tous les services,
puisse se constituer, de son autorité privée,
ministre des finances, et formuler en parfaite
onnaissance de cause un projet de loi com-

plet ; cette initiative appartient uniquement à celui qui, chargé de présider à la fortune publique, en tient dans sa main tous les éléments, en voit l'ensemble d'un coup d'œil, et peut seul apprécier la valeur et la portée des améliorations à introduire, sans porter atteinte au système général, sans nuire à la combinaison de toutes ses parties.

Cette vérité, cette nécessité d'abandonner à l'administration la direction de toute mesure financière, a été formellement reconnue, il y a deux ans, par la commission chargée d'examiner un premier projet de conversion. C'est cette nécessité qui lie les mains à l'honorable auteur de la proposition actuelle ; mais alors que signifie cette quasi-initiative qu'il vient solliciter de la Chambre aujourd'hui ? quel parti espère-t-il tirer d'une production informe, qui laisse en blanc les dispositions les plus essentielles d'une loi de conversion ? Si la législature reconnaît son impuissance à la formuler elle-même cette loi, peut-elle en poser utilement les bases principales ? et ces quelques indications impératives ne présentent-elles pas les mêmes inconvénients qu'une disposition dont la rédaction est achevée ? La Chambre ne saurait manquer de comprendre que dans une matière aussi difficile, dont la combinaison et la direction sont, elle l'avoue, hors de son domaine, elle ne peut forcer la volonté de l'administration sans danger, sans compromettre le succès de la mesure, succès problématique même avec le concours franc, actif de tous les pouvoirs de l'État. C'est mal débuter dans une pareille entreprise que de procéder contre le gouvernement par voie de coercition ; et, sous ce rapport, ce projet, ou plutôt cette espèce de résolution imposée, peut être raisonnablement repoussée.

Envisagée dans son ensemble, la proposition est entachée de trois vices radicaux, dont un seul suffirait pour en déterminer le rejet :

Elle est un contre-sens en opérations financières.

Elle est inconstitutionnelle dans ses dispositions essentielles ;

Elle serait désastreuse dans ses conséquences.

Elle est un contre-sens en opérations de finances ; car, même pour les affaires particulières, on n'ébruite une entreprise qu'après lui avoir laissé prendre une certaine consistance, qu'après en avoir, dans le secret, préparé les divers moyens dont la publicité contrarierait ou rendrait même la concentration impossible. Dans l'état de notre dette, avec les difficultés qui environnent chez nous une opération de cette importance, dont on ne connaît bien ni le maniement ni les effets, on ne peut concevoir de tentative raisonnable de conversion que de la part et du libre mouvement d'un ministre suffisamment préparé à l'avance, qui en a combiné tous les éléments, toutes les chances de succès, qui, en un mot, tient réunis les fils nombreux qu'il faudra faire mouvoir, aussitôt la disposition législative obtenue.

A cet égard, il faut rendre justice à M. de Villèle ; il avait élaboré de longue main sa conversion en 3 p. 0/0 ; il avait réuni des compagnies, posé des bases, formulé un plan complet, appelé toutes les ressources à son aide, lorsqu'il jeta son projet dans le public. Malgré tant de précautions prises, il aurait échoué, j'en suis convaincu, si on ne l'eût arrêté ; il aurait entraîné dans une ruine commune et le crédit public et les capitalistes qui s'étaient associés à ses idées. Cependant, on doit l'avouer, le principe une fois adopté, il avait procédé avec sagesse, avec habileté, il avait fait tout ce qui était en lui, il devait réussir si le succès était possible.

Mais vouloir forcer l'exécution d'une mesure aussi délicate, proclamer à l'avance la nécessité où l'on veut mettre le gouvernement d'agir malgré lui, sans plans, sans études, sans combinaisons préliminaires, proclamer cette nécessité de recourir à des *négociations de rentes* (on ne veut pas dire des emprunts) énormes peut-être, pour exercer une contrainte sur les rentiers au moment même où l'on répand dans le public des germes de dépréciation et de désordre, c'est commander et empêcher l'action, c'est paralyser ou du moins atténuer toutes les ressources, c'est courir tête baissée à un échec certain. Ne voit-on pas quelle prime d'encouragement on donne à l'agiotage en l'avertissant avec tant de complaisance ; comme on pousse violemment la spéculation sur la rente, comme on l'excite à sa dépression, de manière à la retrouver forte, organisée, au cœur de la place, prête à contre-carrer tous les mouvements, à faire payer cher ces velléités d'économies intempestives, quand viendra pour le ministère le moment d'exécuter. Le rentier se trouve ainsi placé entre deux dangers, celui qui part de l'État constitué momentanément son adversaire, et celui qui ressort du jeu et des efforts de la spéculation. Que deviennent dans cette position les transactions, les valeurs elles-mêmes, la confiance et le crédit public si laborieusement édifié?

-- Elle est inconstitutionnelle dans ses dispositions essentielles.

- En effet, quel est donc ce pouvoir dont elle contient la délégation en faveur du ministère? Les circonstances sont-elles donc si impérieuses qu'il ne reste plus de refuge que dans une espèce de dictature financière? Comment! chaque année pendant trois mois, une commission de dix-huit membres de la Chambre examinera scrupuleusement le budget; elle scrutera tous les articles, poussera ses investigations jusque dans les plus petits détails des dépenses administratives, discutera, diminuera, supprimera les plus minimes allocations; il aura fallu au gouvernement quatre ou cinq sessions, pour obtenir difficilement l'autorisation d'augmenter de trois mille francs le traitement des magistrats de la cour suprême, et tout d'un coup la Chambre des députés, investie par la constitution du pouvoir et du devoir de voter annuellement les dépenses et les impôts, et de ne les sanctionner qu'après un mûr examen, oubliant le mandat dont elle s'est acquittée jusqu'ici avec tant de zèle, donnerait son blanc-seing au ministère, et lui concèderait le droit de gouverner la dette par ordonnance! elle concèderait ce droit non pas seulement au ministre en exercice, dont elle peut apprécier la moralité et les talents, mais à tout ministre futur, qu'il ne lui est pas donné de connaître, qui peut être incapable, prévaricateur, hostile à la majorité que l'on veut entraîner, hostile à toutes nos libertés; et ce ministre inconnu décidera en maître souverain du taux et de l'époque de la conversion, des concessions à faire aux porteurs de rentes des charges à leur imposer! Selon son bon plaisir, il fixera l'ordre dans lequel les rentiers seront remboursés, il les choisira même s'il le veut; il disposera de tous les fonds libres, augmentera à volonté (excepté dans un cas déterminé) le capital de la dette, et négociera à peu près comme il l'entendra, avec pouvoir de disposer du produit, de tous les emprunts nécessaires à l'opération, *sans indication de quotité* sans autre limite que les besoins du remboursement, qui peut s'élever à la valeur totale du 5 p. o/o, à plus de 2 milliards 5co millions !

A-t-on bien réfléchi quand on a rédigé une proposition aussi exorbitante, a-t-on songé aux lois qui nous régissent, aux temps où nous vivons, aux événements dont nous avons été naguère les témoins!

Les Chambres ont sans doute le pouvoir de déléguer, quand il leur plaît, certaines facultés à des ministres investis de leur confiance. Toutefois, ce pouvoir a des bornes, et il ne leur est pas loisible de se dépouiller des attributions essentielles qui leur sont conférées par la Constitution. Pourraient-elles céder le droit de régir par ordonnance le système électoral, la presse, le jury, nos principales garanties politiques? La dette publique n'est-elle pas au niveau de ces grands intérêts? N'est-elle pas spécialement placée sous la protection de la Charte, des Chambres? Ne figure-t-elle pas en ligne au budget?

Quoi! le ministre ne pourra, sans autorisation expresse, augmenter les appointements d'un commis de ses bureaux, et l'on mettra à sa dévotion le produit d'emprunts illimités, le maniement sans contrôle de la dette, le sort des créanciers de l'État! Mais cette proposition,

c'est l'arbitraire délégué dans toute sa pléni-
tude, c'est presque la démission du gouvernement représentatif en ce qui touche les finances,
c'est le fameux article 14 de la charte octroyée,
ressuscité contre les rentiers et le crédit public.

Croit-on que le ministère, jaloux de posséder
une telle puissance, va s'empresser d'en accepter
l'offre? ce serait une étrange illusion. Si la
Chambre ne reculait pas devant un précédent
inouï dans nos fastes parlementaires, aussi dangereux pour les libertés publiques, le ministre
des finances serait parfaitement fondé à refuser
le dépôt d'un pouvoir aussi illimité. De quelle
effroyable responsabilité n'assumerait-il pas le
fardeau! Si, jugeant la mesure inopportune, il
n'entreprenait rien, on lui demanderait compte
de son inertie; si, pour satisfaire aux désirs de
la Chambre, il essayait de la conversion, et qu'il
vînt à échouer, c'est lui qui porterait la peine
de cet échec, c'est à son mauvais vouloir, à son
impéritie que l'on s'en prendrait; si enfin l'o-
pération parvenait à s'effectuer, c'est lui qui
aurait à répondre de l'ébranlement général qui
peut en être la suite, c'est à lui qu'on repro-
cherait et les concessions onéreuses à l'État,

et les conditions plus ou moins défavorables des emprunts faits, et l'insuffisance des économies espérées et la perturbation qui bouleverserait le crédit public. Le ministère n'acceptera pas, ne peut pas accepter un aussi dangereux présent, quand bien même il rencontrerait une Chambre disposée à le lui faire, et il ne se laissera pas enchaîner en captif au sort de la conversion, dont il ne veut pas en ce moment, pour en subir le premier les conséquences.

Sous ce point de vue seul, la proposition est inacceptable et sera rejetée par tous ceux qui comptent pour quelque chose l'ordre et la régularité dans les finances, et qui veulent maintenir le pays dans l'intégrité du droit d'autoriser et de contrôler l'emploi des deniers publics.

Elle serait désastreuse dans ses conséquences.

Tout le monde est à peu près d'accord de la nécessité de prendre un parti; j'ai déjà soutenu moi-même le danger de rester dans une ornière où le crédit demeure stationnaire depuis dix ans; de prolonger un état d'incertitude qui tient en arrêt tous les esprits, qui paralyse le

développement de toutes les valeurs, qui dé-
prime et retient comme clouée aux environs du
pair, l'élan de la rente 5 p. 0/0, des deux tiers de
notre dette totale. J'ai démontré l'inconvénient
de cette exubérance actuelle du Trésor, qu'il
détient inerte dans la prévision d'une conversion
qu'on n'effectue pas, et la nécessité de restituer
à la circulation tous ces capitaux qui s'accumu-
lent sans profit et menacent d'encombrement.

Eh bien! la proposition soumise en ce moment à la Chambre des députés aurait non seulement pour effet de perpétuer un état aussi
précaire ; mais elle en aggraverait les dangers,
en confiant au ministère qui déclare le moment inopportun, le choix de l'époque où la
mesure sera appliquée. En statuant que le ministre des finances rendra compte dans la prochaine session de la faculté à lui accordée, elle
ajourne toute décision, elle renvoie à l'année
suivante la discussion de cette question d'opportunité, en même temps que, par l'adoption
du principe, par les bases impératives qu'elle
pose, elle donne plus de force aux craintes de
remboursement, elle ajoute à toutes les incer-
titudes, elle rapproche la pointe de cette épée

tendue depuis trop long-temps sur le crédit, elle menace enfin constamment sans frapper.

Il faut bien le savoir, une pareille position est intolérable; l'idée que chaque matin il peut se trouver au *Moniteur* une ordonnance qui prescrive le remboursement, est destructive de la tranquillité du rentier qu'elle doit finir par éloigner, porte atteinte au crédit qu'elle énerve, et réagirait contre la conversion elle-même par la dépréciation des cours, par l'esprit de défiance et d'attente qu'elle répandrait partout. Je l'ai déjà dit, ce n'est pas en troublant l'ordre établi, en excitant et perpétuant les craintes, que l'on fait prospérer les finances d'un pays. Avec un cœur droit, des intentions excellentes, un esprit élevé, mais dominé par des préoccupations auxquelles nous sommes tous sujets, on peut faire beaucoup de mal et créer la misère où l'on a cru apporter l'abondance. Tel est l'effet de ces menaces trop souvent renouvelées de remboursement et de conversion. En courant depuis trois ans après un fantôme d'économie insignifiante et impossible, on a arrêté ou ralenti le mouvement des affaires, comprimé les développements de la consommation et de la production, étouffé bien des créations productives. C'est par millions qu'il faut compter les pertes que fait éprouver à un pays le moindre temps d'arrêt dans les affaires. Si le calcul en était fait, on en serait effrayé, et jamais la conversion, quelque succès inespéré qu'elle obtienne, ne rendra à la France ce qu'elle lui a déjà coûté par ces alarmes si imprudemment répétées et entretenues.

Si, après l'avoir examinée dans son principe et dans ses conséquences, on veut analyser la proposition dans ses dispositions diverses, on arrive à la même démonstration de son impuissance.

Par l'article 1ᵉʳ, le gouvernement est autorisé à disposer:

1° Du montant de la réserve possédée par la caisse d'amortissement;

2° Des sommes libres provenant soit des fonds affectés à la dette flottante, soit des moyens de service attribués annuellement à la trésorerie par la loi du budget des recettes.

Je concevrais cette destination donnée à la réserve possédée par l'amortissement, si cette réserve était libre, si elle n'avait pas été engagée en 1836 et affectée à des travaux publics. Ce n'est certainement pas moi qui m'érigerai en défenseur de cette loi dont l'intention seule peut être justifiée ; malgré les éloges pompeux dont elle a été l'objet, je suis le premier à reconnaître que c'est la plus malheureuse combinaison financière qu'on ait pu imaginer ; qu'elle viole expressément tous les principes constitutifs de la dette, et compromet le crédit public, en cas d'événements extraordinaires, pour alimenter on ne sait quels travaux dont elle ne contient pas même la désignation. Mais enfin cette loi bonne ou mauvaise existe, elle dispose de la réserve de l'amortissement ; comment peut-on proposer d'en assister la conversion? Tant qu'elle ne sera pas rapportée, il y aura là évidemment un double emploi.

Disposer des fonds libres provenant de la dette flottante, c'est contrairement à leur destination et à leur nature les embarrasser dans une opération de longue haleine, et s'exposer à des demandes de remboursement de cette dette; car c'est uniquement parce que le public croit à l'aisance du Trésor, qu'il y dépose des capitaux. Quant aux moyens de service attribués au

Trésor par la loi du budget des recettes, c'est-à-dire aux fonds des receveurs-généraux, c'est un moyen de crédit comme la dette flottante, dont on ne peut disposer que pour des emplois momentanés ; puisque le jour où de grands besoins se manifestent, où les capitaux de la province trouvent une destination plus avantageuse, on les redemande aux receveurs-généraux qui, pour les restituer, sont obligés de les retirer du Trésor.

Par l'article 2, le ministre est autorisé à donner aux rentiers, *sur leur demande*, des rentes constituées à un taux inférieur à 5 p. 0/0, présentant toutefois une diminution de 1/2 p. 100 au moins ; et il ne peut être consenti d'augmentation de capital que pour les rentes constituées au-dessous de 4 1/2, cette augmentation devant être compensée dans tous les cas par la réduction sur le taux de l'intérêt.

On le voit, c'est réellement de la conversion en 4 1/2 qu'il est question dans le projet, c'est la réduction la plus insignifiante, la moins profitable qu'il choisit, tout en exposant le pays à la même perturbation, aux mêmes dangers que s'il avait à recueillir les plus brillants avantages.

Mais il ne faut pas s'abuser, ce n'est qu'une réduction préparatoire, un essai pour mettre en goût les rentiers. Le 5 p. o/o converti, la menace du remboursement frappera immédiatement les porteurs du 4 1/2, et aucune précaution n'est prise pour leur assurer la moindre sécurité, précaution insuffisante d'ailleurs, pour arrêter l'effet de craintes trop justifiées. C'est en vérité se jouer cruellement des intérêts privés et de la fortune publique.

On donnera des rentes 4 1/2 aux porteurs du 5 p. o/o, *sur leur demande*. Et si cette demande n'est point faite, comme cela est plus que probable, entend-on essayer du remboursement général? la proposition ne le dit pas; et bien que toute latitude soit abandonnée au ministre, un pareil fait valait la peine d'être expliqué. C'est qu'il y a là un grand parti à prendre, et que l'on recule devant la seule pensée d'y être contraint. On aime mieux se bercer de plus douces illusions, et, au risque de tout compromettre, établir ses calculs sur un petit nombre de remboursements à effectuer et sur une bonne volonté à convertir qu'on ne rencontrera pas.

Quand on se pique de prendre l'Angleterre

pour modèle, on devrait imiter sa générosité envers ses rentiers, qui n'est qu'une haute intelligence de ses intérêts bien entendus. La réduction, sans dédommagement sur le capital, pour être rigoureusement légale, n'en est pas moins contraire à l'équité, aux convenances. Or la proposition ne l'admet qu'au-dessous de 4 1⁄2 p. 0⁄0, c'est-à-dire qu'elle constitue, en tous cas, les rentiers en perte sèche de 1⁄2 p. 0⁄0, sans compensation aucune. Eh bien, on ne doit pas cesser de le répéter, ce n'est pas là une idée financière, c'est presque une injustice dont l'État finira par supporter tous les frais dans son crédit et dans les emprunts à venir.

Quant à l'augmentation du capital au-dessous de 4 1⁄2 p. 0⁄0, *compensée par la réduction sur le taux de l'intérêt*, c'est une véritable dérision ; personne n'aura la niaiserie d'accepter un titre à un plus bas intérêt, pour la seule satisfaction d'y trouver une augmentation éventuelle du capital, égale à la somme de l'intérêt diminué.

Je me suis déjà expliqué sur ce principe, que je soutiens inadmissible, de conférer à un ministre le pouvoir exorbitant de fixer par ordonnance :

« L'époque à laquelle les remboursements seraient effectués ;

» La nature des concessions à faire aux porteurs de rentes qui opteraient pour de nouveaux titres ;

» La négociation de rentes nouvelles *dans une quotité indéterminée*, et la libre disposition des fonds qui en proviendront jusqu'à concurrence des remboursements à effectuer, c'est-à-dire, au besoin, jusqu'à la valeur totale du 5 p. o/o, jusqu'à deux milliards cinq cent millions !!!

» *L'ordre dans lequel les rentiers seraient remboursés.* »

Je ne dirai qu'un mot sur cette dernière disposition. Je l'ai combattue ailleurs, et je crois avoir démontré que le 5 p. o/o forme aujourd'hui une seule dette, dont les porteurs ont les mêmes droits, sont soumis aux mêmes chances et doivent avoir le même sort sans priviléges ni exceptions. Que l'on choisisse arbitrairement les rentiers à rembourser, qu'on les enrégimente, qu'on les décime par la voie du sort, du moment que, par une interruption forcée, par un fait quelconque, le résultat peut être la réduction et le remboursement des uns et le maintien intégral des autres, les victimes d'un tirage non consenti, qui biesse les convenances et la morale publique, ont le droit de se dire l'objet d'une ignoble injustice, d'une odieuse spoliation. Pendant tout le temps que durera l'ordre dans lequel les porteurs de rentes seront remboursés, pendant tous les délais du remboursement, la rente 5 pour o/o sera mise en interdit et comme hors de la circulation. Les ventes n'étant plus balancées par de nouveaux placements, feront promptement fléchir les cours, et, si l'opération vient à être forcément interrompue, on aura gratuitement fait preuve d'impuissance, et porté un coup funeste au crédit, au moment même où l'on éprouvera plus vivement le besoin de son assistance. Des conséquences aussi désastreuses sont tellement palpables que l'on s'étonne d'être obligé d'en reproduire de nouveau l'évidence.

Enfin, une dernière disposition porte que la négociation des rentes ne pourra avoir lieu, qu'à la condition d'assurer au Trésor un avantage au moins égal à celui qu'aurait procuré la conversion directe avec les porteurs de 5 pour o/o.

L'intention est fort bonne assurément; mais comme, pour emprunter, il faut *être deux*, et que les prêteurs font aussi leurs conditions, il y aura nécessité de leur offrir des avantages, si l'on ne veut faire tout d'abord avorter la conversion; et cette obligation de ne faire de négociations qu'à un intérêt réduit, conduit nécessairement à l'augmentation du capital. Dans le système du non-remboursement et du jeu libre et sans restrictions de l'amortissement, cette élévation ne présente aucun inconvénient, puisque l'extinction est graduelle, insensible, et que la prospérité publique en fait seule les frais; mais augmenter un capital au moment où on le déclare remboursable, c'est à plaisir se constituer en déficit, c'est faire l'opération la plus onéreuse au Trésor, c'est réaliser une économie faible, pour, en dernière analyse, débourser beaucoup.

Cette disposition est insoutenable; mais, dans le plan proposé, elle est indispensable pour assurer le bénéfice de la conversion qui, sans elle, s'évapore en fumée.

Je ne refuse pas de le reconnaître, la proposition de l'honorable M. Gouin est rédigée avec adresse, avec habileté; c'est un acte *politique* dont je ne conteste pas le mérite, mais ce n'est pas une combinaison financière ; elle ne satisfait à aucune des nécessités du sujet, elle ne résout aucune des difficultés que soulève une matière aussi grave, il est imposible qu'elle soit accueillie. On doit désirer toutefois qu'elle devienne l'occasion d'un examen approfondi, d'une discussion solennelle qui, tranchant définitivement la question, mette un terme à ces propositions sans cesse renouvelées, dont le seul effet est de tenir en alarme tous les intérêts, et de paralyser l'essor du crédit.

Si la proposition ne peut manquer d'être rejetée, l'inopportunité actuelle, dont on a paru d'abord faire si peu de cas, devient un point hors de toute contestation, puisque le projet, dans son essence même, en est l'aveu le plus explicite, ou tout au moins reconnaît que le ministère est le seul juge compétent du moment favorable à choisir pour une aussi délicate application. Mais l'inopportunité conduit à l'ajournement pur et simple, c'est-à-dire au maintien du *statu quo*, d'un état précaire, qui entretient l'indécision, gêne le mouvement des affaires, et qui s'aggrave en se prolongeant. Il y a convenance, utilité, je dirai presque nécessité d'en venir à une détermination définitive.

Or, il n'y a que deux partis raisonnables à prendre; il faut, ou poser le principe du remboursement, en déclarant que le gouvernement, seul juge de l'opportunité, devra porter aux Chambres une proposition lorsqu'il croira l'époque favorable, ou renoncer au remboursement de la rente 5 p. 0/0, en réservant le droit pour toute rente nouvelle à créer, et reconstituer l'amortissement sur les véritables bases du crédit.

Le premier moyen ne résout pas la difficulté, il est vrai, puisqu'il laisse encore une porte ouverte à l'opération; mais il améliore la position, il raffermit les esprits ébranlés, il fait cesser ces inquiétudes journalières, ces agressions si intempestives que ramène périodiquement le retour de chaque session; il abandonne au pouvoir administratif, seul compétent, le soin de trancher ce grand débat; il devient enfin un motif de sécurité pour le public, qui ne peut méconnaître que le gouvernement, dans cette circonstance, s'est montré le protecteur de tous les intérêts.

Le second, je n'ai pas craint de le dire et je le répète avec confiance, car ce qui est conforme à la vérité, à la raison, doit finir par triompher des préventions les plus obstinées, le second est le seul mode financier, concluant, d'opérer la conversion en abaissant le taux de l'intérêt et réalisant l'économie désirée au profit du Trésor. Que l'on proclame ce principe, ou pour mieux dire que l'on y revienne, et l'on verra immédiatement les fonds, surtout le 5 p. 0/0, s'élever rapidement, toutes les valeurs s'accroître, l'intérêt de l'argent s'abaisser. L'action de l'amortissement, dans un temps donné bien plus prochain qu'on ne le croit, si l'on veut se rendre compte de la puissance de l'accumulation, suffira pour absorber la totalité de la rente, et pour réaliser une économie importante, sans secousse, sans souffrances pour personne, au grand avantage du Trésor et du pays.

Les reproches que l'on a adressés à ce véritable principe de toutes créations de rentes n'ont aucune valeur, et prouvent seulement qu'il n'a pas été bien compris. On a dit que s'il amenait effectivement la baisse du taux de l'intérêt, il n'opérait point de réduction au profit du Trésor. C'est une erreur; l'absorption totale du 5 p. 0/0 la réalise complétement, avec certitude, dans un temps donné, sans le moindre effort, sans le plus léger froissement. On a dit encore que l'État serait lésé par la nécessité de faire des rachats à un taux exorbitant; c'est encore une erreur, je l'avais prévue, et je croyais y avoir répondu à l'avance. Le 5 p. 0/0 ne peut s'élever seul, laissant en arrière les autres fonds, sans être abandonné à l'instant par les rentiers qui préfèrent toujours l'intérêt supérieur, et par conséquent sans être déprimé et ramené à leur niveau; ce que l'on craint est impossible : la rente 5 p. 0/0 peut et doit, il est vrai, hausser en même temps que toutes les valeurs, mais alors de quoi se plaint-on? C'est la prospérité qui les pousse, c'est elle qui, en réalité, supporte et acquitte l'excédant payé par l'État.

Toutes ces critiques n'ont aucune espèce de fondement.

La raison publique est évidemment en progrès sur cette importante question; bien des préventions sont déjà tombées, bien des erreurs ont été rectifiées; espérons en l'avenir, dans le secours des discussions qui vont s'ouvrir, pour achever d'éclairer la matière, et de la replacer sur le terrain des vrais principes.

FIN.

www.ingramcontent.com/pod-product-compliance
Ingram Content Group UK Ltd.
Pitfield, Milton Keynes, MK11 3LW, UK
UKHW021020120726
13693UKWH00005B/2096